OBSERVATIONS.

IMPRIMÉ CHEZ PAUL RENOUARD
rue Garancière, n. 5.

OBSERVATIONS

DE

M. le G^{al} Cte Th. de Lameth

RELATIVES

A DES NOTICES

QUI SE TROUVENT DANS LA BIOGRAPHIE UNIVERSELLE

SUR SES FRÈRES

CHARLES ET ALEXANDRE.

PARIS.

AU COMPTOIR DES IMPRIMEURS-UNIS,

15, QUAI MALAQUAIS.

1843.

J'apprends seulement aujourd'hui, par un ami, qu'il existe dans le 70ᵉ volume de la Biographie universelle ancienne et moderne sur ma famille, et particulièrement sur mes frères *Charles* et *Alexandre*, des notices qu'une passion évidente a inspirées; comme le prouve l'accumulation des erreurs que l'auteur à mise au jour. Je suis certain que feu M. Michaud, que j'ai beaucoup connu dans sa jeunesse, et à qui j'ai eu la satisfaction de montrer l'intérêt qui lui était dû, ne les aurait pas accueillies.

Quoiqu'un article, ou plutôt une note rapide à mon égard soit impartiale et même obligeante, puis-je, surtout lorsque les anciens contemporains, que je vais suivre, disparaissent, laisser flétrir la mémoire de mes frères que j'ai tant aimés, regrettés, quand tous les battemens de leur cœur ont été pour l'honneur, et pour la patrie; quand, n'ayant jamais offensé personne, ils ont été, sans relâche, occupés de secourir, de soulager toutes les infortunes! qui le niera?

Non; je ne dois pas laisser tromper une nouvelle génération, qui cherche la vérité dans la presse, puissance qui peut doubler la mort; mais qui sait rendre la vie.

Enfin, ne suis-je pas compris, avec mes frères, dans cette famille *ingrate* qui, dit-on, avait dû à la cour *son pain, l'éducation de ses enfans?*

Je vais rapidement faire des citations textuelles et y répondre :

« Lameth (Charles de), baron de Bussy ».

Bussy était une autre branche qui n'existe plus.

« Lameth (le marquis , Augustin-Louis-
« Charles de), l'aîné de sept enfans (1). Son
« père qui avait épousé la sœur du maréchal de

(1) Devenu l'aîné par la mort d'un frère, âgé de vingt-quatre ans, capitaine au régiment de Larochefoucault-dragons.

« Broglie, mourut dans les guerres de Hanovre,
« où il était chef de l'état-major général de
« l'armée du Bas-Rhin (1).

« Se trouvant ainsi orphelin et *sans fortune*,
« le jeune marquis excita au plus haut degré
« l'intérêt de *toute* la cour, particulièrement
« celui de madame la Dauphine qui, plus tard,
« devenue reine, *pourvut aux frais de son éduca-*
« *tion, ainsi qu'à* celle de ses frères. Voué comme
« eux dès l'enfance à la carrière des armes, il
« y obtint d'abord, sous les auspices du maré-
« chal de Broglie, un avancement rapide. Il
« était colonel lorsque la révolution éclata, et
« il avait commandé successivement le régi-
« ment d'Auvergne et celui de la Couronne. »

Il ne peut pas y avoir de rêve plus complet.

Augustin, du même âge que madame la Dauphine, entrait au service au moment où elle
quittait l'Autriche pour venir en France.

Cet *orphelin*, quand il perdit son père, avait,
ainsi que ses frères, un aïeul paternel veuf qui,

(1) Il est enterré à Francfort-sur-le-Mein, à l'entrée du
chœur de l'église collégiale ; son épitaphe y a été soigneu-
sement conservée par l'honorable bienveillance de la ville.

depuis trente ans, n'avait pas quitté *Hennen-court*, en Picardie, où ses petits-enfans, qu'il chérissait, ont été élevés près de leur mère qu'il regardait comme sa propre fille.

Le marquis de Lameth, entouré d'une haute considération, possédait une grande fortune territoriale, près d'Albert; il était, comme on disait alors, seigneur d'Hennencourt, Senlis, Millencourt, Bresle, Varlois, des bois de la Choque; et l'on sait que dans ce temps, surtout en Picardie, presque tout était la propriété du seigneur; il avait près d'Abbeville, la terre considérable de Mareuil; près de Beauvais, celle de Damraucourt. Son fils, en mourant à l'armée, avait laissé, près d'Amiens, celles de Béhencourt et de Montigny. Sa veuve, peu riche comme les filles d'alors, n'était pourtant pas sans fortune.

Jamais, sous les rapports dont il s'agit, les frères Lameth n'ont rien dû à personne, si ce n'est à leur mère, à leur grand-père paternel, et à la fortune qui devait devenir la leur. Le maréchal de Broglie avait beaucoup d'affection pour sa sœur, par conséquent pour ses enfans, mais exilé sous Louis XV, son crédit (s'il en a eu), n'a pas été mis à l'épreuve en leur faveur.

« Nommé à la chambre des Représentans

« dans les Cent Jours de 1815 , par le départe-
« ment de la Somme. »

Non : ce fut son frère Théodore (après l'avoir
été du Jura). Augustin avait été député sous
l'empire.

« Lameth (le comte Charles), frère du mar-
« quis, *dut*, comme ses frères, *sa première édu-
« cation* à la bienfaisance royale. »

J'ai répondu à ce conte ridicule, qui est dé-
menti par les faits, de toutes les manières et à
toutes les époques.

« Il était capitaine lorsqu'il passa en Améri-
« que, avec Rochambeau, et il devint bientôt
« aide-major général des logis (1). Ayant eu la
« jambe droite fracassée par un coup de feu à
« l'assaut d'York's Town, il fut nommé cheva-
« lier de Saint-Louis, colonel en second des
« dragons d'Orléans, puis colonel commandant
« du régiment *des cuirassiers du Roi.*
Il eut les deux jambes et la cuisse droite at-
teintes par le plomb; il ne fut point colonel en

____

(1) Ce grade n'existait pas, il était aide-maréchal général des logis de l'armée.

second aussitôt, et seulement huit ans après, colonel commandant.

« C'était *pour ce temps-là* un avancement *sans*
« *exemple*, et il excita des mécontentemens par-
« mi les officiers qui, dans la suite, ont montré
« plus de dévoûment à leur maître. »

Pour ce temps-là et *sans exemple* ne sont pas heureux; car, dans ce temps, on passait du grade de capitaine à celui de colonel. Alors on y arrivait jeune, particulièrement dans les familles qui n'avaient jamais eu d'autre carrière que celle des armes, et qui, surtout depuis les croisades, y versaient leur sang pour la patrie. Tout ce qu'on entend, et même tout ce qu'on lit aujourd'hui sur les avancemens de ce temps, est une fable.

Au lieu de mécontentement, il y eut applaudissement, comme toujours parmi les militaires, quand l'avancement est le prix de graves blessures (1); et où Charles les avait-il reçues? à la

---

(1) Alors une chanson d'un guerrier, du comte de Ségur, lui dit :

> « Jeune et brave chevalier
> Reçois mon hommage,
> La blessure d'un guerrier
> De l'honneur est gage. »

tête des grenadiers chargés d'ouvrir, sous un feu terrible auquel ils ne pouvaient répondre, et qui les moissonnait, une communication, plus que difficile, mais indispensable, pour s'emparer d'York : soutenu par ses braves, il y parvint en recevant un second coup de feu. La prise de la place proclamait la liberté des Américains.

Le régiment des cuirassiers du roi, dont la finance était de 100,000 francs, le seul de cette arme qui existât alors, n'avait aucune distinction particulière, aucune prérogative; il portait le nom de *Lameth* pendant la guerre de sept ans où, ainsi que celui de Fitz-James, il se fit remarquer par un dévoûment qu'on ne pouvait surpasser, particulièrement à la bataille de Rosbach, si malheureuse. Puisque Charles devait avoir un régiment, il est possible et naturel qu'une pensée bienveillante, qui ne pouvait affliger personne, lui ait fait donner plutôt qu'à un autre celui qui portait son nom à la guerre, qui s'était honoré sous les ordres de son père.

« La reine, qui, comme nous l'avons dit,
« protégeait particulièrement le comte Charles,

« lui fit épouser mademoiselle Picot, fille d'un
« riche négociant de Bayonne (1). »

La reine, cela était généralement connu alors,
désirait au contraire ce mariage pour M. de
St.-B........

Voici la vérité : Charles, qui l'année précé-
dente n'avait pas obtenu des eaux d'Aix-la-Chapelle tout le bien qu'il en attendait pour ses
blessures, se rendit à celles de Barèges. Passant à Bayonne, se trouvant avec M. Picot, il
lui demanda, sans croire au succès de ses paroles, *de le mettre à la suite* des nombreux aspirans
à la main de sa fille. M. Picot lui répondit :
« *Vous ne m'êtes pas aussi inconnu que vous pour-*
« *riez le croire; quand vous reviendrez de Barèges,*
« *venez me voir, nous parlerons de cela.* »

A son retour, Charles ne pouvait manquer
de venir trouver M. Picot, qui termina ainsi
leur conversation : « *J'ai toujours voulu que ma*
« *fille épousât un militaire, un brave cité, quoi-*
« *que de loin, je vous ai vu en Amérique, à*
« *York, j'ai des renseignemens sur vous; tenez,*

---

(1) M. Picot n'a jamais eu aucun rapport avec le commerce, ce qui aurait pu être fort honorablement; il était
militaire, employé à Saint-Domingue, où il plut à une
dame veuve, fort riche, et l'épousa.

« *voilà une lettre pour madame l'abbesse de la Pré-*
« *sentation qui vous fera voir ma fille ; en voici une*
« *autre pour elle, si vous lui convenez, vous aurez*
« *mon consentement.* »

« .... En 1789, député de l'Artois, aux États-
« Généraux, il s'y montra dès le commencement
« l'un des ennemis les plus ardens de l'autorité
« royale, et ne fit pas cependant partie de la
« minorité de la noblesse qui, après la fameuse
« séance royale du 23 juin, se réunit au tiers-
« état ; mais il avait protesté auparavant contre
« la délibération de la majorité et la déclaration
« qu'elle avait faite que le vote par ordre était un
« des principes constitutifs de la monarchie. »

Quoi de plus injuste pour sa mémoire ? En
effet, il ne croyait pas que 20 millions de Français, la plupart malheureux, ne pussent pas
avoir une voix pour les défendre ; car, dans la
question, n'en avoir qu'une sur trois, c'était n'en
point avoir : y avait-il un doute sur ce que produirait l'union des deux premiers ordres ? Se
soumettant au mandat absolu qu'il avait reçu,
Charles ne se réunit point à la minorité, il y
suivit seulement, par ses regrets et ses vœux,
son frère Alexandre, *qui était libre.* Qu'aurait

produit la puissance absolue, unique des deux premiers ordres? Voir les notables!

« Le comte Charles semblait alors avoir beau-
« coup d'impatience dans le caractère et être
« sans cesse tourmenté de l'ambition de faire
« effet; mais l'ayant *nous-même observé avec une*
« *grande attention*, nous sommes *obligé* de dire
« que le véritable talent de l'orateur n'était pas
« le sien. »

Quelle délicatesse! quel tourment d'une conscience qui ne veut rien avoir à se reprocher! Charles n'avait point la prétention d'être un orateur; en 1830, comme à l'Assemblée constituante, il a eu la réputation de parler avec facilité selon sa sincère conviction.

« Il appartenait, dans les premiers temps de
« l'Assemblée Nationale, au parti que l'on ap-
« pelait le *Palais-Royal* ou le *Camp des Tartares*. »

C'est le contraire, ce fut en opposition que M. de Lafayette, entraîné par ses amis, forma une réunion appelée *Club du Palais-Royal*.

« On lui attribue, ainsi qu'à ses amis, qu'on

« regarde comme les fondateurs du club des
« Jacobins à Paris...., l'idée de semblables éta-
« blissemens dans les provinces. »

Ils furent entièrement étrangers à cette formation: Voici son principe, comme elle eut lieu.

A l'arrivée des députés à Versailles, ceux de
la Bretagne se rassemblaient. Cette réunion
s'appelait *le club Breton*; elle s'était accrue par
l'admission de députés d'autres provinces, particulièrement de la Franche-Comté. Lorsque
l'Assemblée se transporta à Paris, M. Muguet
de Nantou, député de Besançon, fut chargé de
chercher un local : les Jacobins de la rue Saint-
Honoré lui offrirent leur bibliothèque, de là le
nom donné à cette réunion que, plus généralement, on appelait *la Société des amis de la constitution*.

D'abord elle ne fut formée que de députés
qui, ce fut une faute, firent admettre leurs amis;
plus tard un comité de *présentation* eut lieu et
le nombre des membres devint très considérable. (1)

(1) Il y aurait, sur l'époque de *ce comité de présentation*,
que Mirabeau présidait, des choses extrêmement curieuses
à dire, qui montreraient comment le malheureux prince
était servi.

« C'était surtout par un comité de l'Assem-
« blée, appelé le *comité des recherches*, que
« s'exerçait ce despotisme, et Charles de Lameth
« en était un des membres les plus actifs. Ce
« zèle l'ayant conduit pendant la nuit, avec
« son collègue Péthion, au couvent des Annon-
« ciades, pour y chercher M. de Barentin, l'un
« des ministres proscrits, qu'on disait s'y être
« réfugié.... »

Le comité des Recherches fut créé dans une
honorable intention. Le combat des passions
amenait alors des scènes affligeantes, des actes
coupables; on crut, et l'avenir justifia cette espérance, que cette mesure satisferait les opinions, qui n'étaient pas extrêmes, calmerait les
exagérations, en imposerait aux déréglemens;
que ce qui ne servait que l'apparence de grandes
rigueurs, sauverait ceux qui, animés contre les
idées dominantes en ce moment, n'avaient à se
reprocher que d'extravagantes imprudences. Ce
vœu fut complétement réalisé; on ne pourrait
pas citer une victime par suite des arrestations
qui eurent lieu par ordre de ce comité; loin de
là, presque tous les prisonniers qui n'étaient
retenus qu'autant que l'intérêt de leur sécurité
à venir le demandait, étaient libres dès que la

soirée était un peu avancée et pendant la nuit. M***, gentilhomme de Bourgogne, qui avait couru un grand danger, et qui probablement a dû la vie à son arrestation, a pu dire que, quand cela lui convenait, il venait passer la soirée, souper, chez le terrible membre du comité des Recherches.

Quant aux Annonciades qui ont, en effet, inspiré un poème très spirituel et pas trop malveillant à M. de Bonay (1), voici exactement ce qui eut lieu.

Un mouvement aussi violent qu'injuste se manifestait contre M. de Barentin : on opposa à ce mouvement un grand appareil de force pour le contenir au besoin et sauver le ministre s'il était chez sa sœur, l'abbesse des Annonciades. En effet, c'était la nuit, on conçoit ce qui la fit préférer. Le couvent ayant été environné de troupes, les membres du comité se rendirent chez madame de Barentin, et lui firent connaître, avec tous les égards qui lui étaient dus, le véritable motif de ce qui pouvait l'effrayer. Ils lui dirent : « Permettez, madame, que nous demeurions près de vous quelque temps pour

(1) « Je chante ce héros de milice bourgeoise,
    « Orateur à Paris, général à Pontoise. »

que la multitude puisse croire que nous nous livrons à de minutieuses recherches, lorsque la pensée de le faire ne peut approcher de nous ; si monsieur votre frère est chez vous qu'il y demeure en paix. »

Madame l'abbesse répondit que son frère ne s'était point présenté au monastère, et témoigna sa reconnaissance aux députés qui se retirèrent.

« Dans la discussion sur le livre rouge, La-« meth *garda le silence*, parce qu'il s'y trouva « porté pour des sommes considérables, que *son* « *éducation et celles de ses frères* avait coûté au « roi, et fit reporter au trésor royal l'argent qui « en avait été tiré pour sa famille, lequel ne se « montait pas à moins de 60,000 fr. Les journaux « royalistes établirent alors *sans peine* que cette « *tardive restitution* était loin d'*acquitter* envers le « roi tout ce que lui devait Charles de Lameth « et sa famille.... Il appuya aussi la suppression « des titres honorifiques. »

Comme d'ordinaire, c'est tout le contraire qui eut lieu ; qu'on ouvre un journal du temps, on y verra que ce fut Mathieu de Montmorency qui fit la proposition de la suppression des titres, que Charles le combattit avec force, faisant remarquer que les titres, sans prérogatives, ne pouvaient nuire ni à l'état ni à personne; qu'en prononçant cette suppression, on amenerait, sans utilité, des mécontentemens, même des exaspérations fâcheuses. En remplissant ce devoir il n'ignorait pas, ce qui eut lieu, qu'il tournerait contre lui des dispositions jusqu'alors bienveillantes.

Dans toutes les suppositions, n'est-ce pas outrager un roi que d'établir que ses bienfaits, s'ils avaient existé, exigent une *restitution?* Quant aux journaux royalistes de cette époque, il est connu que non les intérêts du roi, mais la folie les inspirait.

A l'occasion de ce livre rouge, les noms de ceux ou de celles qui, peut-être pouvaient y figurer, *si c'était un document réel, sincère*, ne furent point prononcés; l'emportement habituel, que rien ne pouvait calmer (que des souvenirs auraient dû arrêter), d'un membre du côté droit, n'eut qu'un but. Charles *ne garda point le silence*, il dit qu'il ne croyait pas à ce qui était avancé, mais que la supposition seule suffisait pour savoir ce qu'il voulait faire, et *le lendemain même, non pas tardivement*, il remit, *non au trésor royal*, mais sur le bureau du président, 60,000 fr.

Madame de Lameth, sœur, fille, petite-fille

de trois maréchaux de France, qui avaient rendu quelques services au pays, veuve d'un général mort chef de l'état-major d'une armée, pouvait, comme toutes les veuves des guerriers, selon les grades de leurs maris, avoir des titres à une pension. Aujourd'hui même la justice le reconnaît. Avait-on fait l'addition des trente ans, écoulés alors, de son veuvage pour arriver à la somme de 60,000 fr.? En le supposant, ce qui n'a pas été vérifié, qu'y aurait-il à y remarquer? Mais une observation se présente, c'est que sous un des anciens ministres des finances les pensions furent supprimées, que plus tard elles furent rendues et qu'il y eût accumulation, selon les titres, de ce qui aurait été touché si la suppression n'avait pas eu lieu.

Enfin ce que j'affirme, c'est que nous n'avons eu, à notre connaissance, aucune obligation du genre que l'on suppose, si ce n'est à notre mère, et, très particulièrement, à notre aïeul qui a plus que suffi à ce qui nous était nécessaire; ce qui lui était facile et doux; et qui, successivement, a fourni la *finance* (c'était le terme) *de nos cinq compagnies* de troupes à cheval, 50,000 fr.(1).

______

(1) Alors on les payait à l'état 10,000 fr.; donc 50,000 fr. pour les cinq. *La finance* d'un régiment de cavalerie était

« Quand toutes ces violences eurent à la fin
« contraint Louis XVI de s'éloigner de sa capi-
« tale, Charles de Lameth se montra fort alar-
« mé... Après avoir invité ses collègues à pren-
« dre des mesures de *salut public*, il demanda
« que le canon d'alarme fût tiré, que tous les
« militaires de l'assemblée fussent tenus de prê-
« ter serment à la nation (1); c'était véritable-
« ment le délire de la peur, et le député-colonel
« ne se calma que lorsqu'il apprit l'arrestation
« de la famille royale. »

L'assemblée n'ordonna point l'arrestation du
roi, elle envoya à son secours ; ce moment fut
remarquable par l'union de tous les partis dans
la chambre pour le salut du prince, et peu
après, sauf quelques exceptions, pour que la
couronne demeurât sur sa tête : on peut, aujourd'hui même, voir quelle fut l'importance
de ce que firent dans l'assemblée les *Lameth*,

fort chère, Charles a payé 100,000 fr. *celle des cuirassiers du
roi ;* il est vrai que lorsqu'on devenait maréchal-de-camp,
n'ayant droit ni à un traitement, ni à une retraite, ni à
un autre avancement, l'état rendait au colonel les trois
quarts de la finance. Pendant environ quinze ans que
Charles a été colonel, il a dû perdre chaque année 5000 fr.
d'intérêt en ayant 4000 d'appointemens.

(1) Et *au roi* est oublié.

Duport et *Barnave*, leurs amis et Beauharnais qui présidait l'assemblée.

Quant *au délire* de la *peur* de Charles (1), uni de vœux comme par l'affection avec son frère, voici les sentimens qui les animaient l'un et l'autre. Les députés avaient passé la nuit en permanence; le lendemain un assez grand nombre se promenait fort silencieusement dans les Tuileries, une foule immense les environnait, lorsqu'un jeune homme, s'élançant de la terrasse des Feuillans qui, alors, bordait la salle, hors de lui de joie, fit entendre: « *Le roi est arrêté.* » Au même instant Alexandre s'écria : « *Mon Dieu! quel malheur inexprimable.* » La surprise fut extrême : il y répondit ainsi : « *Mon émotion l'a emporté sur* « *la réflexion qui m'aurait fait contenir d'inutiles* « *paroles, mais je ne renie pas l'espérance à laquelle* « *je me livrais. Oui, l'Assemblée réfléchit utilement* « *à présent, mais que pourra-t-elle? Ne voyez-vous* « *pas ce qui arrivera après elle. Si le roi n'avait* « *point été arrêté, il y aurait eu une transaction,* « *on aurait rendu à son pouvoir ce qui lui manque ;* « *à présent quel avenir nous attend!* »

« En 1792, il alla commander un corps de

(1) Qui aurait pu avoir la devise de Tancrède.

« cavalerie, sur la frontière du nord, sous le ma-
« réchal de Rochambeau. Il s'était éloigné de
« l'armée par un congé du ministre de la guerre,
« *avant* la révolution du 10 août, et *il se trouvait*
« *à Paris lorsqu'elle éclata.* Ne songeant guère à
« porter secours au pauvre Louis XVI, comme
« c'était son devoir, il se mit en route pour le
« Havre avec sa femme et sa fille, fut arrêté et
« emprisonné à Rouen par ordre du ministre
« Clavière. Il ne recouvra la liberté que par le
« courage qu'apporta son frère Théodore à le dé-
« fendre, soit à la tribune de l'assemblée, soit
« auprès du ministre de la justice, Danton.... »

Les époques sont confondues. Charles partit
pour l'armée aussitôt la déclaration de la guerre,
en 1791; en 1792, il était sous les ordres du général Lafayette, qui avait remplacé le maréchal
de Rochambeau; il n'était point à Paris à la révolution du 10 août; parti pour l'armée en 1791,
il n'a revu la capitale que sous le consulat.

La division qui avait pu exister pendant une
partie de l'Assemblée constituante, entre M. de
Lafayette, et, comme on disait alors, les Lameth,
Duport et Barnave, avait cessé; à l'époque de
l'émeute sanglante du Champ-de-Mars, ou Charles présidait l'Assemblée constituante, et où il

montra une fermeté qui fut remarquée, une alliance pour le salut du trône fut jurée; Charles et Alexandre, pour montrer leur sincérité, demandèrent d'être employés sous les ordres de M. de Lafayette. D'Abancourt, ministre de la guerre (1), était très lié avec eux. Cette union, lorsque les dangers qui menaçaient le roi s'accroissaient, avait conçu le projet de le conduire à Compiègne, qui se trouvait dans le *rayon constitutionnel*, et de l'entourer de troupes de l'armée de Lafayette. Rien de tout ce que l'accord de la réflexion et du dévoûment pouvait produire n'avait été oublié. La pensée que soit en France, soit à l'étranger, l'exagération d'un parti pourrait représenter le roi dans la dépendance des constitutionnels, fit décider qu'aucun général, ou officier supérieur cité comme appartenant à cette couleur, ne serait employé près des troupes envoyées à Compiègne, qu'elles seraient commandées par le général Delignéville, allié de la reine.

---

(1) Neveu de M. de Calonne, il était lieutenant au régiment du mestre-de-camp-général de la cavalerie que je commandais; ayant reconnu tout ce qui le distinguait et l'honorait, je m'étais occupé de son avancement et j'avais eu le bonheur de lui être utile : dévoué au roi, il a été, ainsi que M. de Lessart, massacré à Versailles avec les prisonniers d'Orléans.

Le roi et la reine avaient approuvé ce projet avec les témoignages du plus vif assentiment. Pour en faciliter l'exécution, et faire coïncider l'arrivée des troupes à Compiègne avec celle de Leurs Majestés, d'Abancourt, sous un prétexte que la publicité représentait comme une nécessité, avait fait avancer l'armée de Lafayette de trois marches vers la frontière française.

Charles Lameth, comme on l'a dit, n'était point à Paris; il était venu chez lui à Osny, près de Pontoise, par ordre du ministre, pour établir, par des moyens plus rapprochés et plus fidèles, la correspondance entre la cour et le général. Mais, ô malheur sans consolation! lorsque La Colombe, un des aides-de-camp de Lafayette, arrivait à Paris, pour faire connaître au roi les dernières dispositions et prendre ses ordres, tout-à-coup LL. MM. venaient de céder *encore* aux conseils qui tant de fois leur avaient été funestes et renonçaient, *touchant au* 10 *août*, à ce qu'elles avaient reconnu être leur salut, et leur dernière ressource; ce qui l'était en effet. (1)

L'auteur de la notice fait dire à Charles, à propos de son arrestation, « mon frère Théodore *implora* ma grâce auprès de Danton. »

(1) J'aurais beaucoup d'étendue à donner à ces lignes.

En effet, Charles fut arrêté à Yvetot, lorsque le roi était au Temple, non par ordre de Clavière, qui n'a jamais pensé à faire arrêter personne, mais par une bande de misérables qui le conduisirent à Rouen, où le président de l'administration le laissa mettre en prison : il y fut au secret.

Il est vrai, Danton était bien disposé, mais il fut étranger à ce qui rendit la liberté au prisonnier. Quand la reconnaissance me fait un si précieux devoir de dire à qui mon frère dut la liberté et la vie, je serai approuvé lorsque je vais m'étendre un peu, mais bien moins que je ne le voudrais, sur cette circonstance. Il dut son salut à madame la comtesse de Valence, qui obtint, du ministre Servan, un acte de la plus courageuse générosité. Épouse d'un général qui allait commander une armée, madame de Valence devait à sa position une certaine influence, bien que ses sentimens ne la missent pas d'accord avec la fatale puissance du moment. Elle avait voulu assister à la dernière séance de l'Assemblée législative où je devais défendre mon frère, dès qu'elle en vit le résultat, elle courut spontanément chez le lieutenant-général Servan, ministre de la guerre, où la bienveillante et vive émotion de son âme, lorsqu'il n'y avait pas un instant à perdre, obtint ce qui paraissait ne pouvoir pas être demandé, puisque la chambre avait prononcé que le conseil exécutif déciderait si, oui ou non, Charles devait être mis en jugement. Son éloquente bonté obtint d'un noble et généreux caractère qu'il supposerait une favorable décision du conseil, celle de mettre Charles en liberté; à l'instant, Servan fit partir un courrier pour en donner l'ordre; il y joignit une lettre pleine d'intérêt pour le prisonnier, adressée à M. de Fontenay, maire de Rouen, dont les sentimens et les dispositions lui inspiraient une entière confiance.

« Charles de Lameth, rencontré *à Ham-*
« *bourg*, par un ancien émigré royaliste. qui
« *l'apostropha* vivement, fut contraint de se
« battre en duel, et reçut un coup d'épée au
« travers du corps. »

Le combat n'eut pas lieu à Hambourg où les deux adversaires ne se sont point rencontrés : il n'y avait point eu d'apostrophe. Voici la vérité : Précédemment, M. de Chauvigny était venu à l'Assemblée constituante y faire appeler Charles

par un huissier, et lui avait dit : « *Je veux me*
« *battre avec un député marquant, le tuer ou qu'il*
« *me tue; Mirabeau ne se bat pas, c'est vous que*
« *j'ai choisi.* »

Charles venait de se battre deux fois sans l'ombre d'une provocation de sa part; les militaires
qui, en matière d'honneur, faisaient autorité,
vu les effets fâcheux que produisaient ces défis,
qui ne trouvaient leur cause que dans l'esprit
de parti, décidèrent que le combat devait être
ajourné à la fin de l'Assemblée, si M. de Chauvigny persistait dans son injuste et déraisonna-
ble intention. Ce fut à l'époque fixée que le combat eut lieu , *à Londres.*

ALEXANDRE.

« Alexandre de Lameth , le dernier de cette
« famille , *qui devait tant à la monarchie de*
« *Louis XVI*, naquit à Paris, le 28 octobre 1760,
« lorsque sa mère , restée veuve avec (1) sept
« enfans, *n'avait d'autres ressources que les bontés*

(1) Oui, à vingt-sept ans , mais peu après elle n'en avait
plus que cinq.

« *du roi* (1). Ces avantages ne manquèrent pas
« plus au jeune Alexandre qu'*ils n'avaient man-*
« *qué à ses frères ;* et, comme eux, il fut élevé
« aux frais de l'État (2).... La guerre d'Amérique
« ayant alors éclaté, il y suivit son frère Char-
« les, aide-major du général en chef Rocham-
« beau, et fut employé comme officier de l'état-
« major général. Si jeune et sans expérience,
« on sent qu'il dut être peu remarqué. Cepen-
« dant, à son retour en France, lorsque la paix
« se conclut en 1783, il fut promu au grade de
« colonel en second, et peu de temps après, il
« fit en Allemagne, en Pologne et en Russie (3),
« plusieurs voyages, dont on *doit penser* que le
« besoin de compléter son éducation militaire,
« *ne fut pas le seul motif.* »

Quel autre but aurait-il pu avoir, étant militaire ? Quel est celui qu'une si évidente malveil-
lance suppose ?

(1) Qui exilait son frère pour plaire à madame de Pom-
padour.

(2) Mais il avait à peine treize ans quand Louis XV n'existait plus : qu'avait-il pu devoir à ce prince ? Il est vrai ; on
veut que ce soit même *du pain* dont l'ingratitude a été le
prix.

(3) Il fit en Russie, non pas *plusieurs* voyages, mais un
voyage.

Son premier but était de se trouver aux manœuvres *célébrées* du grand Frédéric : le second,
en revoyant son intime ami, le comte de Ségur,
ambassadeur en Russie, de connaître l'état militaire de ce pays, ayant l'intention de servir
dans l'armée des Turcs, que la France soute-
nait, si la guerre entre ces deux puissances, qui
alors paraissait probable, venait à éclater.

A l'occasion de la campagne d'Alexandre en
Amérique, un souvenir produit par la plus profonde, la plus glorieuse reconnaissance me fait
« répéter que d'attraits, que de majesté, que de
« grâces, que de beauté (1) », et je dois ajouter
que de douce bonté, que de tourmens pour se
rendre utile !

Le duc de Lauzun, envoyé par le maréchal
de Rochambeau, arrivait d'Amérique, appor-
tant la nouvelle du succès définitif de cette
guerre, par la prise d'York, et l'on répétait que
Charles de Lameth, qui le premier était entré
dans la redoute d'où dépendait la prise de la

(1) En même temps qu'Iphigénie, dans son char, paraissait sur la scène, la reine arrivait à l'Opéra ; aussitôt
tout le public, la couvrant d'applaudissemens, accompa-
gnant les chœurs à plusieurs reprises, dans l'ivresse, lui
offrit cet hommage qui lui était dû si complétement.

ville, qui en effet se rendit, pouvait être mort de ses blessures.—Alexandre et moi courûmes à Versailles, pour tâcher de nous procurer des renseignemens positifs. La reine, nous ayant aperçus dans une des galeries, daigna s'approcher et, avec la plus touchante émotion, nous dit : « *Votre frère a été grièvement blessé, mais on* « *espère sa guérison, comme je la désire !* » Alexandre répondit : « En effet, madame, nous éprou-« vons une déchirante inquiétude, mais ce se-« rait un soulagement pour moi si, comme mes « trois frères, je pouvais aller en Amérique; « et, comme eux, comme Charles, *au même* « *prix*, obtenir l'estime de V. M. et du roi. » La reine parut très touchée de ces paroles, et dit vivement : « Je vais en parler au roi ». En effet, le lendemain, Alexandre apprit qu'il était nommé aide-maréchal général-des-logis de l'armée, grade qu'avait son frère. (1)

L'ombre des secours qu'on se plaît à supposer n'a jamais approché de nous, mais comment ne serais-je pas empressé de profiter d'une occasion de m'honorer et d'honorer ma famille? Oui, la reine, cette princesse qui grandissait encore ce

______

(1) Celui d'adjudant-général y répond. Alexandre était alors capitaine au régiment Royal cavalerie.

qui était supérieur, dont la joie était dans les actes de sa bonté si active, si intelligente, daignait nous permettre de croire à sa bienveillance, et faire ainsi de précieux devoirs à notre reconnaissance ; S. M. et le roi étaient convaincus de notre dévoûment dont nous avons pu leur donner des preuves, hélas ! sans utilité : je puis affirmer leur complète conviction à cet égard.

« Ce qu'il y a de sûr, c'est que, bien que de-
« venu par une faveur *excessive*, officier supé-
« rieur dans une monarchie, il se montra par-
« tout admirateur passionné des systèmes d'éga-
« lité et d'innovations qu'il avait vu pratiquer
« avec tant de succès dans le Nouveau-Monde.
« C'était alors dans tous les pays, même dans
« les cours, et surtout à celle de France, un
« très bon moyen de réussir. »

Si c'était *partout*, dans *toutes les cours*, *surtout* dans celle de France, qu'y aurait-il eu d'extraordinaire si cela eût existé ?

Ce qu'il y a *de sûr*, au contraire, c'est qu'il ne pouvait en être autrement, le roi ayant déclaré qu'il voulait que ceux qui avaient fait la guerre d'Amérique volontairement, fussent colonels

(ce qui eut lieu avec moins de titres que n'en avait mon frère.)

Il est à remarquer que ce grade n'était plus ce qu'il avait été précédemment, non-seulement par la création des colonels en second, ce qui en avait doublé le nombre, mais encore par le dédoublement des régimens de quatre bataillons. S'il était passionné pour l'égalité, il a prouvé que c'était pour l'égalité devant la loi : et qui, aujourd'hui, n'en reconnaît pas la rigoureuse justice? S'il était passionné en effet, c'était pour que quinze millions de Français ne manquassent pas de pain.

« La réputation de patriotisme que se fit ainsi
« le jeune colonel, suffit pour qu'il fût nommé
« en 1789, par l'imprévoyante noblesse du
« bailliage de Péronne, un de ses députés aux
« États-Généraux. »

Membre des états d'Artois, il aurait pu être nommé dans cette province, où son frère Charles fut élu; mais l'estime dont jouissait sa famille, qui habitait depuis si long-temps la Picardie, lui fit offrir la députation de Péronne.

« Dès les premières séances de cette Assem-

« blée, il s'y fit remarquer par son exaltation
« patriotique, et fut l'un des 47 de son ordre
« qui, les premiers et malgré des mandats im-
« pératifs, allèrent se réunir aux députés des com-
« munes, et violèrent ainsi dans leurs bases les
« lois et les constitutions de notre antique mo-
« narchie. »

Est-ce sincèrement que l'on paraît ignorer
que le mandat de Charles était impératif, ce qui
l'empêcha d'accompagner son frère, tandis que
celui d'Alexandre lui laissait toute liberté.

Qui soutiendrait aujourd'hui qu'à peine un
vingtième des Français avait le droit d'être re-
présenté? Alexandre, Picard, pouvait-il le croire,
quand depuis son enfance, il voyait le plus
grand nombre de ses compatriotes parvenir à
peine à se procurer du pain et souvent réduits
à en manquer dans une province modèle de la
culture ; lorsqu'il voyait ces malheureux, pour
la plupart chargés de famille, sans l'ombre de
propriétés, hors une demeure de terre cou-
verte de paille, gagnant huit sols par jour en
hiver, dix en été, être forcés de payer *la taille,*
la capitation, de faire les grandes routes *gratis,*
et ce qui surpassait tout cela, de prendre du sel
(et quel était-il) dans une mesure fixée arbitrai-

rement, dans les greniers des fermiers généraux.

Ces faits incontestables appelaient de graves réformes ; mais qui a imprimé un caractère à ces réformes ? qui leur a donné l'essor ? D'abord les Parlemens, ensuite les Notables que le meilleur des rois appela deux fois, qui, sans l'ombre de respect pour lui, de pitié pour le peuple (1), rendirent les États-Généraux indispensables ; et dans la disposition des esprits que pouvaient-ils amener alors ?

« On ne peut pas douter qu'Alexandre de
« Lameth n'ait pris beaucoup de part aux intri-
« gues qui préparèrent la révolution. Il raconte
« lui-même, dans son histoire de l'*Assemblée*
« *constituante,* que de concert avec le fils du
« maréchal de Broglie, il fit dire à ce comman-
« dant de l'armée destinée à réprimer la révolte,

(1) Il faut avoir existé, à cette époque, avoir vu leur conduite, pour croire à l'absence du patriotisme, que tout suppliait, à l'oubli, si ce n'est même au mépris de tout ce qui était dû au roi, à un prince qui n'avait de pensées, de vœux que pour le bonheur de la France.

Des esprits, reconnus pour être très éclairés, croyaient que l'impôt du timbre pouvait établir l'équilibre dans les finances, et aurait l'avantage de ne pas atteindre les classes peu aisées ; mais il fut impossible d'en espérer l'enregistrement.

« qu'il n'aurait pas dû accepter un commande-
« ment dont l'offre, faite par le prince de Condé,
« son ennemi personnel, ne pouvait être qu'un
« piège tendu à sa bonne foi. A cette *perfide* in-
« sinuation, le vieux guerrier répondit loyale-
« ment que, dans tous les cas, il ferait son de-
« voir en obéissant au roi. Nous sommes loin
« de penser que, dans cette circonstance, le
« maréchal ait réellement fait *tout ce qu'il aurait*
« *dû;* mais on ne peut du moins soupçonner
« sa fidélité. »

C'était un proche, on ne pouvait pas l'épar-
gner.

Un homme qui a comblé la mesure du mal
qu'un individu pouvait faire alors, qui plus
tard, par d'affreux et extravagans conseils, a conduit deux frères aveugles à préparer l'horrible
et si déplorable fin de leur frère, gouvernait la
cour; ce n'était pas le prince de Condé, qui ne
faisait qu'obéir à une ardeur irréfléchie, ce
n'est pas lui qui amena sous les murs de Paris
une armée qu'on laissait dans l'oisiveté, si dan-
gereuse aux troupes, travaillée jour et nuit
par les malfaiteurs, les têtes folles et les filles
publiques.

Le maréchal de Broglie avait été appelé d'une

retraite qu'il quittait peu, mais présent, il était dans la plus complète ignorance de ce qui se passait dans le conseil où, sans doute, à titre de commandant de l'armée et dans de telles circonstances, il aurait dû être appelé. Qui dira que ce n'était pas un devoir pour un fils, un neveu, de lui faire apprécier sa position, ce qu'elle avait d'humiliant, ce qu'elle avait de fâcheux pour les intérêts du roi, du pays!

« Voyant un peu plus tard que le clergé ne
« mettait pas autant d'empressement à livrer
« ses biens pour le triomphe de la révolution,
« Alexandre, de concert avec le marquis de La-
« coste, proposa à ses collègues de donner ces
« biens pour garantie aux créanciers de l'état;
« et cette proposition, qu'on ne décréta pas sur-
« le-champ, il est vrai, fut cependant, il faut le
« reconnaître, la première pensée, le germe de
« cette grande spoliation. »

A l'époque où il était évident qu'une attaque violente allait avoir lieu contre les biens du clergé, Alexandre réunit l'abbé de Montesquiou, avec lequel il avait été lié, et l'archevêque d'Aix, l'abbé de Boisgelin, l'un et l'autre Députés; il leur dit qu'il était affligé, effrayé des dispositions qu'il voyait dans les réformateurs exagérés, que déjà il avait travaillé, particulièrement auprès du marquis de Lacoste, mais sans beaucoup de succès, à leur montrer ce que demandaient l'intérêt public, la justice, la religion; cependant, que si ses deux collègues voulaient employer leurs moyens pour obtenir des membres du clergé qui faisaient partie de l'Assemblée, de la modération, de la conduite dans les discussions qui auraient lieu, il espérait, avec l'aide de ses amis, qu'on pourrait arriver à une décision modérée pour l'avenir du clergé, en laissant à ses membres actuels leur position présente.

L'archevêque d'Aix donna, avec des témoignages de reconnaissance, son assentiment à cette ouverture, mais l'abbé de Montesquiou, qui avait gardé le silence, se borna à prononcer ces mots : « *sint ut sunt aut non sint.* »

« Le 15 mai 1791, il mit en question si on
« laisserait au roi le droit de paix et de guerre,
« et il se montra l'un des plus chauds adversaires
« de Mirabeau qui, revenu à de plus sages opi-
« nions (1), pensait que la couronne ne pouvait

(1) Que n'y aurait-il pas à dire sur les nombreuses variations de Mirabeau, et *de positif sur cette circonstance?*

« être dépouillée de cette prérogative sans les
« plus graves inconvéniens. Le grand orateur
« fut vaincu dans cette occasion par les efforts
« réunis d'Alexandre Lameth, de son ami Bar-
« nave et de toutes les fractions du parti répu-
« blicain, qui commençait à devenir nom-
« breux (1), et mettait beaucoup d'importance à
« cette affaire. On vit plus de quarante mille in-
« dividus attendre à la porte de la salle les jeunes
« orateurs pour les applaudir et les porter en
« triomphe. Ce fut le premier exemple de ces
« ovations, de ces parades dont les partis se sont
« tant de fois servis depuis cette époque pour
« soulever les passions de la multitude et faire
« des émeutes ou des révolutions. »

Il ne fut point question d'ôter au roi le droit
de faire la paix et la guerre, mais d'une réserve,
puisqu'il n'y avait point de pensée d'opposition
à son droit de faire des préparatifs, de repousser
les agressions; puisqu'on reconnaissait à LUI SEUL
le droit de l'initiative, enfin la nécessité de sa
sanction au décret qu'aurait rendu l'Assemblée
qui, en effet, était appelée à délibérer, quand il
s'agissait d'une formelle déclaration de guerre.

(1) Alors on ne reconnaissait dans toute l'assemblée que
deux républicains, *Péthion* et *Buzot.*

Le parti, surtout hors de France, qui travaillait à faire éclater une guerre qui ne pouvait évidemment qu'être funeste au roi, avait une ramification à la cour ; son crédit s'accroissait, et profitant d'une circonstance, il paraissait au moment de parvenir à la faire déclarer; ce fut la crainte de ce succès qui fit naître la pensée de lui opposer un obstacle.

Mais cet obstacle n'existe-t-il pas avec des chambres? Peut-on faire la guerre sans des fonds considérables? et qui les accorde ou les refuse?

Une supposition générale, peu agréable, établie comme un fait, sur ce qui avait décidé Mirabeau au parti qu'il prenait, ne trouvait plus de contradicteurs; aussi, par cette raison il est vrai, un rassemblement très nombreux s'agitait dans les Tuileries, mais on ne fit triompher personne, si ce n'est par l'approbation, Barnave et Alexandre n'ayant voulu quitter la salle que lorsque le rassemblement se fut *entièrement* écoulé. Quant à Mirabeau qui n'avait rien à redouter (1),

---

(1) Passé les premiers momens de la révolution de 1789, où malheureusement il y eut des émeutes sanglantes, l'idée d'un crime avait disparu. L'opposition des opinions s'exprimait alors avec une véhémence qui allait quelquefois jusqu'à l'extravagance, mais sans offenser : l'abbé

il demanda à Charles de le prendre dans sa voiture, ce qui eut lieu.

« Alexandre de Lameth, jusque-là, n'avait
« guère été qu'un boute-feu, un enfant perdu,
« et dont on a dit avec vraisemblance que Sieyès
« préparait les motions. Jamais il n'avait osé at-
« taquer en face son redoutable adversaire, lors-
« qu'un jour, à la tribune des Jacobins, s'étant
« permis *en son absence* quelques insinuations
« plus hardies que de coutume, il s'arrêta subi-
« tement lorsqu'il vit entrer Mirabeau. N'ayant
« rien entendu, le député d'Aix se fait raconter
« ce qui s'est passé; et alors il se recueille, monte
« à la tribune et commence ainsi, de ce ton de
« voix effrayant et dont il accablait ses rivaux :
« — *Est-ce à des adversaires, est-ce à des juges, est-*
« *ce à des ennemis que je parle? Si c'est à des adver-*
« *saires, je les combattrai; si c'est à des juges, ils*

Maury trouvait amusant d'établir des discussions politiques, dans les Tuileries, avec les poissardes. Un jour, im-
patienté, il leur dit : « *Taisez-vous, sans-culottes.* » L'ori-
gine politique et la célébrité de ce mot lui sont dues. Ceux
de l'assemblée législative, qui ont perdu la France, n'ont
pu trouver à Paris des dispositions à les aider; ils ont dû,
pour arriver à leur but affreux, recruter l'écume du
Piémont, du midi de la France; les gens qu'ils ont soldés,
furent appelés les *Marseillais*.

« *doivent m'entendre ; si c'est à des ennemis, je les*
« *terrasserai….. Et en effet il terrassa le pauvre*
« *Alexandre.* »

Jusqu'où les écrivains peuvent aller pour éga-
rer leurs lecteurs ! — Ce fut exactement le contraire. Alexandre couvert d'applaudissemens,
écrasa Mirabeau par l'évidence des faits, par
l'éloquence que développe l'indignation ; le lendemain, les journaux célébrèrent ce triomphe.
On peut, encore aujourd'hui, lire dans l'un
d'eux : *Hercule, Mirabeau, avait perdu sa massue,*
Alexandre Lameth la lui avait arrachée. (1)

Pendant la torture qu'il endurait, couvert de
sueur, Mirabeau, assis près de la tribune à la
droite d'Alexandre, le tira plusieurs fois par son
habit et, avec l'accent suppliant, répéta : —
assez, assez; mais celui qui le démasquait lui répondit : « *Non, vous êtes trop perfide, vous l'avez*
été trop de fois. »

Voilà ce que *j'ai vu, entendu :* je l'affirme sur
l'honneur.

Quant à l'abbé Sieyès, non-seulement il n'existait aucun rapport entre lui et Alexandre, mais

(1) Révolutions de France et de Brabant.

il était connu qu'il était le mortel ennemi de mes frères et de leurs amis.

« Et pour complaire à ces aventuriers, il finit
« par la proposition de renverser le monument
« de la place des Victoires, qui attestait les triom-
« phes de Louis XIV. Cette proposition, si indi-
« gne d'un Français, et surtout d'un militaire
« que les descendans du grand Roi avaient *com-
« blé de tant de biens* (1), ne fut pas exécutée sur-
« le-champ, il est vrai. »

La proposition n'ayant jamais été faite n'a pu être exécutée. Il ne fut pas question de renverser le *monument*, c'est-à-dire Louis XIV, qui, peut-être, n'aurait pas dû souffrir que des nations, représentées par des femmes, fussent enchaînées à ses pieds; c'était pour qu'il fût conservé (ce monument) qu'Alexandre fit la motion qui en effet le conserva.

La fédération allait amener à Paris un nombre immense de citoyens armés (2), il était généra-

___

(1) Ces continuelles répétitions d'une fausseté ne deviennent-elles pas étranges.

(2) Voir sur cette grave circonstance les Mémoires si précieux, si véridiques, à quelque légères erreurs près, de M. de Férière, membre du *côté droit* de l'Assemblée constituante.

lement répandu que les gardes nationales des provinces françaises *enchaînées*, qui allaient arriver, particulièrement les Comtois, devaient d'abord se rendre à la place des Victoires, et y détruire le monument qui représentait leur humiliante servitude, et sans doute, l'image très remarquable du prince, n'aurait pas été épargnée.

Ce fut cette crainte, partagée par d'excellens esprits, qui inspira la motion d'Alexandre. Mon frère fit valoir aussi combien était intéressante la conservation de ce chef-d'œuvre des arts; il insista pour que les soins les plus attentifs fussent prescrits dans les travaux. Les accessoires blessans ayant été éloignés, les enfans de la Franche-Comté, qui arrivèrent en effet directement à la place des Victoires, saluèrent la statue, crièrent : « *Vive le roi, vive Alexandre Lameth !* »

« C'était par la propagande et la contagion
« démagogique, beaucoup plus que par la force
« des armes, que l'on prétendait alors soumet-
« tre les nations au nouveau système; et cette
« pensée perça assez clairement dans les dis-
« cours et les rapports qu'Alexandre Lameth fit
« à plusieurs reprises, sur l'organisation de l'ar-
« mée, au nom du comité militaire dont il était

« *membre* (1). Dans cette partie du moins, où il
« avait l'avantage de quelques années d'expé-
« rience, on pourrait croire qu'il ne dit que des
« choses vraies, qu'il ne fit que des propositions
« raisonnables; mais, pour cela, comme pour
« tout le reste, il ne s'agissait, à cette époque,
« que de renverser et de détruire. Dans son
« rapport du 10 février 1790, sur un sujet si
« important, Lameth indiqua longuement les
« vices de l'ancienne organisation, mais il n'in-
« diqua point de remèdes; il montra les abus,
« il conseilla de les faire disparaître, mais il
« ne dit point comment on devait s'y prendre,
« ni ce que l'on devait mettre à la place. Ses
« apologistes, louant outre mesure ses travaux
« dans cette partie de la législation, sont allés
« jusqu'à dire que c'est à lui que la France dut
« les victoires qui, un peu plus tard, lui firent
« tant d'honneur. Mais ceux qui connaissent
« bien notre histoire militaire, savent assez

(1) On a mieux aimé, cela se conçoit, ne pas dire *pré-*
sident, que l'on renommait tous les quinze jours; quoique
d'abord il ne fut que colonel, qu'il fût le plus jeune, que
le comité fût presque uniquement composé de généraux,
particulièrement du côté droit. Alexandre fut le premier
président, et sans interruption pendant près de trois ans,
malgré sa médiocrité.

« que dans cette branche de l'administration,
« comme dans la plupart des autres, cette as-
« semblée détruisit et renversa beaucoup, mais
« qu'elle ne rétablit et ne construisit rien de
« solide ni de durable. »

Voilà bien des mots qui ne sont accompagnés
de rien qui puisse en faire apprécier la valeur, et
ils sont curieux puisqu'ils portent sur celui qui a
conçu et fait adopter la nouvelle organisation de
l'armée, qui est aujourd'hui à-peu-près la même.

L'approbation fut tellement générale qu'à la
fin de la séance, le lieutenant-général, comte
de ***, membre du comité militaire, vint à Alexandre, c'était un des députés les plus ardens du
côté droit, et lui dit : « *Quand nous aurons fait la*
« *contre-révolution, ce qui ne tardera pas, vous*
« *serez pendu ; mais je demanderai que votre orga-*
« *nisation soit conservée, car elle ne laisse rien à*
« *désirer.* »

« Aucune loi militaire de quelque impor-
« tance sur la discipline ou sur l'avancement ne
« date de son époque (de l'Assemblée consti-
« tuante), mais bien des années 1792 et 1793,
« du moment où les nécessités de la guerre
« firent mieux connaître la nullité et le danger

« de tout ce qu'avait fait cette première Assem-
« blée, qui s'était elle-même si fastueusement
« intitulée : *Constituante.* Alors ce fut Dubois de
« Crancé qui, au nom du comité militaire de
« la Convention nationale, fit adopter ces lois
« d'amalgame entre les bataillons de volontaires
« et la troupe de ligne....., ce qu'il y a de sûr,
« c'est qu'Alexandre Lameth n'y eut pas la
« moindre part. »

Cela est *sûr*, puisqu'Alexandre allait être sous
le coup d'un décret d'accusation (1).

Sans doute lorsque 100,000 hommes, qui jamais n'avaient porté les armes, qui n'avaient
aucune idée de la nécessité d'une entière subor-
dination allaient se réunir à ceux qu'ils devaient
imiter, il y avait quelques mesures à prendre,
mais quel rapport, quelle comparaison pouvait-
il y avoir entre ces soins et l'*organisation militaire*

(1) Alexandre, ainsi que tous les ministres (à l'excep-
tion d'un seul, ils montèrent sur l'échafaud, de même que
Barnave), fut mis en état d'accusation, parce qu'on venait de trouver au château des Tuileries, dans ce qu'on
appela l'*armoire de fer*, un papier qui portait : « *Le roi*
« *doit refuser sa sanction au décret qui condamne les émi-*
« *grés à la mort et les prêtres à la déportation, c'est l'avis*
« *de tous ses ministres, ainsi que celui de MM. Alexandre de*
« *Lameth et Barnave.* » Ceci fut public.

générale de l'armée ? Ce fut cette armée devenue *le modèle de toutes* par son instruction , sa discipline , la perfection de ses manœuvres, après , il est vrai , de grands travaux , qui par son exemple , fit l'*amalgame.*

A l'époque de la révolution de 1789 , le goût constant des Français pour le service militaire qui, jusque-là , avait été l'unique carrière de la classe la plus élevée , avait amené l'armée, sous tous les rapports , aussi près que possible de la perfection , et quelle économie ! La comparaison paraîtrait un rêve aujourd'hui.

Mais la marche de cette révolution avait amené des nécessités que l'armée éprouvait aussi ; elles rendirent nécessaire l'organisation que fit Alexandre Lameth ; cette organisation s'arrêtait devant ce qui devait être respecté , et on peut s'en convaincre, elle établissait largement la part du choix qui existe aujourd'hui.

Alexandre était encore à l'armée lors de l'arrivée des premiers bataillons de gardes nationaux levés si rapidement, la plupart loin du calme ; cependant il n'hésita point, ce ne fut pas, il est vrai, sans péril , à faire prêter à la brigade qu'il commandait, un nouveau serment de fidélité *au roi, qui était dans la tour du Temple.*

« Mais, ainsi qu'on ne l'a que trop vu dans
« nos révolutions, les auteurs du mal ne furent
« jamais ceux qui purent le réparer ou le guérir;
« et cette Assemblée constituante, qui avait tant
« bouleversé, tant détruit, allait se dissoudre elle-
« même, ne laissant à la place d'une monarchie
« de quatorze siècles, renversée en un seul jour,
« que cette ombre, ce simulacre de constitution
« qu'elle avait si longuement discutée, si péni-
« blement élaborée, et qu'une première émeute
« devait anéantir.... Pour comble d'imprévoyan-
« ce, ces imprudens législateurs, ne voyant guère
« mieux leurs intérêts personnels que ceux de
« la France, *s'interdirent* la faculté de faire partie
« de la législature qui devait les remplacer. »

On ne niera pas que ce furent les efforts sans
mesure du côté droit : et, hélas ! ils ne furent
pas les seuls !

On peut en faire le semblant, mais on ne
peut oublier que l'illustre Thouret, qu'attendait l'honorable échafaud, parlant à la tribune,
au nom des comités de constitution et de révi-
sion qui, très nombreux, réunissaient les capa-
cités les plus élevées (1), déclara dans un dis-

(1) Duport, Barnave et Alexandre étaient membres de
l'un et de l'autre.

cours étendu que la plus complète franchise avait inspiré, que la constitution devait être soumise à beaucoup de changemens, qu'à plusieurs égards elle était inadmissible, et insista sur ce qui manquait au pouvoir royal, indiquant ce qu'il croyait, avec les deux comités, devoir remédier aux erreurs commises.

Qui a empêché les effets de cette solennelle démarche, qui était un devoir, mais que la généreuse élévation accompagnait, qui? les espérances du pessimisme! et n'en reste-t-il plus de traces aujourd'hui?

Ce furent ces espérances qui amenèrent les extravagans efforts, impatriotiques jusqu'à l'évidence, qui furent faits contre la réélection des membres de l'Assemblée constituante. Aurait-on oublié ceux des premiers orateurs de l'Assemblée qui parurent à la tribune, l'admirable et complétement prophétique improvisation d'Adrien Duport (1). Mais est-ce que je n'entends pas encore le comte de Montmorin qui avait été menin de Louis XVI, dauphin, son ministre, qui chérissait

______

(1) Qui dit : « La sécurité d'un aveugle au bord d'un précipice n'empêche pas qu'il ne soit en péril de la vie. Messieurs, croyez-en ceux qui n'ont jamais varié dans la route du désintéressement, du patriotisme, le péril est instant et nous poursuit. »

le roi, qui lui a donné sa vie, dans la désolation la plus vive des dangers que courait le prince, dire à Alexandre et à moi ces propres paroles : « *Mon Dieu ! que la Cour doit regretter les trois* « *millions qu'elle a dépensés pour empêcher la réé-* « *lection.* »

« Alexandre Lameth, aussi imprévoyant que « ses collègues, n'avait pas même songé à ce qu'il « ferait en quittant cette tribune..... Oubliant « non-seulement sa gloire militaire, mais celle de « législateur, et plus modeste qu'on ne devait le « penser, il se borna aux fonctions d'administra- « teur du département de Paris, qui lui avaient « été données par les élections de 1791 (1). »

A la formation des administrations départe- mentales, les électeurs de toute la France firent, presque partout, des choix honorables par leurs sentimens et leurs vœux (2). Plusieurs députés

(1) L'oubli de ses propres intérêts mérite-t-il le blâme ou l'estime ? Mais quel mépris de hautes et si utiles fonctions !

(2) A l'affreux 20 juin, où le roi fut si indignement ou- tragé et mis en danger, les administrateurs de soixante- treize départemens sur quatre-vingt-trois, ainsi que toute l'armée de Lafayette (chaque soldat ayant voulu signer ou faire une croix), offrirent au roi leur dévoûment et leur sang avec ardeur.

furent nommés membres du département de Paris, que présidait un constituant, le duc de Larochefoucault, qui fut massacré le 10 août ; mais, peu après l'Assemblée constituante, la guerre fut déclarée et Alexandre partit pour l'armée du maréchal de Rochambeau.

« On l'envoya commander à Mézières. Il s'y
« trouva sous les ordres de Lafayette, quand la
« révolution du 10 août vint les forcer l'un et
« l'autre de s'expatrier, pour se soustraire à l'é-
« chafaud, où les eut certainement envoyés cette
« faction des Jacobins dont ils étaient les créa-
« teurs (1). Tombés dans les mains des Autri-
« chiens, ils furent d'abord mis dans les mêmes
« prisons, à Namur et à Luxembourg, puis livrés
« aux Prussiens qui les rendirent à l'Autriche
« lorsqu'ils firent leur paix avec la Républi-
« que. »

Ainsi que je l'ai montré, dès l'Assemblée constituante, Charles et Alexandre, s'étaient dévoués à la monarchie, à la défense du roi. Se sont-ils démentis ? La démarche si solennelle et courageuse que fit M. de Lafayette en quittant son

____

(1) J'ai déjà démontré la fausseté de cette assertion.

armée pour se rendre à l'Assemblée législative
était aussi l'expression de leurs vœux.

Les désordres que cette assemblée fomentait
alors partout devaient exercer quelque influence
sur les troupes régulières, lorsque de nombreux
bataillons de volontaires, à peine formés, leur
étaient amenés par des députés choisis parmi
ceux que l'exaltation faisait particulièrement remarquer. La plus grande partie de l'ancienne
armée paraissait, il est vrai, inébranlable, mais
fallait-il réciproquement faire verser le sang des
frères, et sans espoir? — Ce fut l'objet d'une sé-
rieuse et patriotique délibération entre les chefs
de l'armée, particulièrement de Lafayette avec
les généraux Latour-Maubourg, Bureau de Pussy
et Alexandre de Lameth.

Repoussant les conseils que, dans les circonstances critiques, l'ambition offre aux positions
élevées, mais espérant, par le sacrifice de leurs
propres intérêts, assurer la sécurité de tout ce
qui les entourait en se faisant regarder comme les
seuls guerriers que la proscription devait atteindre, ils se décidèrent à s'éloigner de leur patrie.

La décision arrêtée, Lafayette en fit part à l'officier supérieur autrichien qui commandait à
Namur, lui disant que lui et trois généraux
étaient résolus à quitter la France pour se rendre

à Hambourg où ils s'embarqueraient pour l'Amérique; qu'ils lui demandaient s'ils auraient la
permission de traverser librement le territoire
autrichien. La réponse avait été complétement
affirmative; cependant à peine dans Namur, en-
tourés de troupe, arrêtés avec les formes les
plus inconvenantes (1), ils furent conduits en
prison et successivement menés à Coblentz, à
Vézel, puis à Magdebourg, où, *sous terre*, *sans
l'ombre du moindre rapport entre eux*, ils sont restés trois ans et demi.

« Lameth seul resta malade à Magdebourg,
« où il recouvra la liberté en 1795, par l'inter-
« cession de son oncle, le maréchal de Broglie,
« réfugié chez le duc de Brunswick. Il lui accorda
« la délivrance d'un neveu qui expiait des torts
« dont certes on était loin de pouvoir accuser le
« brave maréchal. »

Comment le duc pouvait-il accorder ce qui ne
dépendait que du roi de Prusse? Ce fut la mère
d'Alexandre, désespérée de sa position, de son
état, car il était mourant d'un si long enterre-

(1) On leur ôta tout ce qu'ils avaient sur eux, et à
Alexandre jusqu'à un cure-dent, en lui disant : « *Vous
pourriez en faire une plume.* »

ment, qui, par ses vives et continuelles prières au prince, obtint d'abord qu'accompagné d'un sous-officier, il pût aller prendre les eaux d'Ircheberg, puis qu'il pût être prisonnier sur parole à Mag-debourg. — Tout ce qu'on peut souffrir par les indignités, ils l'ont enduré, notamment dans leur translation à Coblentz, à Vézel ; mais, bizarre opposition des destinées ! le jour où j'arrivais à Coblentz pour y voir Alexandre, préfet, la ville lui donnait une fête dans le local où il avait été outragé par des exaltés hélas ! ses compatriotes. Plus tard, descendant pompeusement le Rhin, il allait représenter Napoléon, devenu par un traité, prince de Vézel. (i)

« Alexandre alla aussitôt en Angleterre, où il

(1) Le si favorisé, si brillant, si courageux, et ne pourrait-on pas dire le plus incomparable prince, Louis de Prusse, que sa valeur, hélas ! a fait périr par nos armes, lui accordait un vif et bien honorable intérêt. Il le pressait sans cesse de reprendre sa liberté. « Je me charge, disait-« il, de vous en donner les moyens. Avait-on le droit de « vous arrêter pour avoir celui de vous demander une « parole ! Vous défendiez votre roi, et c'est au nom des « rois de l'Allemagne qu'on vous martyrise ainsi que vos « trois camarades. » Alexandre exprimant la reconnais-sance dont il était pénétré, répondit : « Monseigneur l'excès de votre bonté vous aveugle, V. A. ne ferait pas ce qu'elle me conseille. »

« fut *encore* poursuivi par la haine des Français
« royalistes qui le firent expulser. »

Alexandre, d'après les conseils des médecins
de Hambourg, car il se trouvait encore à-peu-
près dans le marasme, par suite de sa captivité
souterraine, se rendait, muni d'un passeport
motivé du résident anglais, aux bains de Bath.
A peine arrivé à Londres, il reçut du duc premier ministre l'ordre de quitter l'Angleterre :
il fit des représentations motivées sur l'état de sa
santé, sur le seul but qui l'amenait, mais sans
succès. Cette rigueur extrême, inhumaine et
sans motif, ayant fait quelque bruit, plusieurs
personnages élevés par leur position et leurs
sentimens, entre autres M. Fox, lui firent pro-
poser d'instruire le parlement de cette étrange
circonstance. Mais en leur offrant ce qu'il devait
à leur générosité, il s'y refusa en disant : « *Je
suis un étranger, je ne dois pas être la cause de la
moindre agitation dans votre pays.* » Le premier
ministre persistant, envoya un messager d'état
s'emparer d'Alexandre; celui-ci conduisit mon
frère à Gravesend, le plaça sur un bâtiment et
s'en fit donner un reçu comme d'un ballot de
marchandises.

« Alors il se rendit à Hambourg, où il re-

« trouva son frère Charles et son ami le duc
« d'Aiguillon, qui formèrent avec lui une asso-
« ciation de commerce, laquelle ne paraît pas
« avoir eu beaucoup de succès; *car, dès l'année*
« *suivante, il la quitta pour rentrer en France.* »

Au contraire, cette association eut un grand
succès, et plus d'un *Français royaliste* et malheureux eut à s'en féliciter. Mais est-il sur-
prenant qu'il ait profité comme les fugitifs,
comme ses frères, de ce qu'il devait à Napoléon
pour accourir dans sa patrie.

« Il ne rentra définitivement qu'après la ré-
« volution du 18 brumaire, lorsque Bonaparte
« eut établi un pouvoir assez fort pour n'avoir
« pas besoin d'être persécuteur.... Alexandre de
« Lameth, *qui restait toujours sans fortune, sollicita*
« de lui un emploi, et il en obtint, en 1802,
« une préfecture de peu d'importance et très
« éloignée de Paris, celle des Basses-Alpes, trois
« ans après celle du Rhin-et-Moselle, à Coblentz,
« puis celle de la Roër, à Aix-la-Chapelle, et
« enfin celle du Pô, où il résida dans la capitale
« du roi de Sardaigne, et fut presque roi lui-
« même. »

Alexandre n'a jamais rien sollicité de Napoléon, ni d'aucun pouvoir. Lorsqu'il fut rayé de la liste des émigrés, ainsi que Charles, le consul Lebrun, qui avait été leur collègue à l'Assemblée constituante, leur proposa de les conduire chez Bonaparte pour le remercier, ce qui était d'autant plus convenable, que le 18 brumaire avait sauvé la France.

Lorsqu'ils furent présentés, le premier consul, avec une sévère solennité, leur dit : « *Vous avez joué un grand rôle, il ne faudrait pas que les masses qui tenteraient encore de s'émouvoir vous prissent pour leur étendard.* » — Charles répondit : — « *Général, nous n'avons jamais cru être un étendard, mais s'il en eût été ainsi, nous aurions été celui de l'honneur, du patriotisme et du désintéressement.* »

Napoléon, encore avec le même accent, reprit : « *Il faut que vous viviez un an dans l'obscurité.* » — Alexandre lui répondit : — « *Général, il est facile et même souvent doux de vivre dans la retraite, mais il y a des hommes qui ne peuvent pas être obscurs.* » — On voit si Alexandre sollicitait.

Immédiatement le premier consul devint, sous tous les rapports, un autre personnage, et, simplement, familièrement, causa avec eux sur les grands intérêts de la France.

Depuis ce moment, quoique Alexandre reconnut tout ce qui était dû de reconnaissance à Napoléon, il vivait loin de lui, ne pensant point à l'intéresser, lorsqu'il reçut du consul Lebrun l'invitation de se rendre chez lui. Lebrun lui dit : « *Le premier consul m'a chargé de vous offrir une préfecture. — Laquelle? — Celle de Digne.* » — Avec l'air du doute, il répondit : — « *Mais êtes-vous bien sûr que ce soit en France? —J'en doutais comme vous*, reprit le spirituel consul, *mais j'ai regardé sur la carte, vous pouvez en être certain; enfin il faut que je rende une réponse, que dirai-je? — Vous direz que n'importe où, je me tiendrai toujours pour très honoré d'être chargé de veiller au repos et aux intérêts de trois ou quatre cent mille Français.* »

Napoléon n'était pas toujours étranger à la vanité de se grandir en abaissant les autres, ni à la satisfaction d'élever outre mesure : « *En ferais-je un banc, en ferais-je un Dieu?* » — Mais il est plus que probable qu'il rendait justice aux sentimens, aux moyens d'Alexandre, en voulant l'envoyer à Digne lorsque le brigandage (1) désolait le Midi, que les Basses-Alpes en étaient le foyer.

(1) La politique du pessimisme l'avait créé : on ne pourrait

« Tant que dura sa puissance, Alexandre de
« Lameth parut satisfait des diverses fonctions
« que lui confia le maître; et *tout aussi bien que*
« *les meilleurs préfets de ce temps-là, il fit rejoindre*
« *les conscrits et rentrer les contributions.* »

Voudrait-on, avec ces expressions méprisantes, établir que les préfets *de ce temps-là* n'avaient que cela à faire? Il est vrai, leur position était sans rapports avec celle des préfets d'aujourd'hui; ils n'avaient pas besoin d'une fortune personnelle pour exister convenablement; ils avaient la présentation, qui équivalait à la nomination de la plupart des emplois vacans. Et quel ministre de l'intérieur que M. de Champagny! Pour la considération, l'Empereur disait: « *Sous mon autorité et celle de mes ministres, ce sont les préfets qui doivent gouverner la France.* » Qu'on s'adresse à la bonne foi des pays qui alors formaient l'empire! mais que n'attestent point ces

pas avoir l'idée de ce qu'il était devenu dans ce département. Les chefs de bandes visitaient en uniforme les voitures publiques aux stations prescrites : pendant plus d'un an, pas un jour sans assassinats. Il est impossible que les Basses-Alpes perdent le souvenir de ce qu'y fit Alexandre, qui eut le bonheur de parvenir à leur rendre le repos, ainsi qu'aux départemens voisins.

routes immenses, créées comme par enchante-
ment, les rives du Rhin, de la Moselle, Aix-la-
Chapelle, ses bains, le Simplon, le mont Genè-
vre, le mont Cenis, le pont du Pô? Alexandre,
qui a été successivement préfet des trois dépar-
mens, a-t-il été étranger à toutes ces grandes
choses?

« De son côté, Napoléon, content de ses ser-
« vices, le créa baron et chevalier de la Légion-
« d'Honneur, titres *que sollicita et dont se montra*
« *fort honoré et fort reconnaissant* celui qui en
« avait assez méprisé de plus anciens et de plus
« vrais, pour les sacrifier à un vain désir de po-
« pularité. »

Qui voudra croire à ces affirmations, à ces
désirs, à ces démarches d'Alexandre? Chevalier
de Saint-Louis, il pouvait attendre une autre dé-
coration, mais celle de la Légion-d'Honneur, à
sa création, fut donnée aux généraux. Quant
au titre de baron, ce fut un ridicule de le lui
donner, il le jugeait ainsi.

« Cette partie de la vie d'Alexandre de La-
« meth, exempte de trouble et de tout projet de
« révolution, en fut, sans nul doute, la plus

« heureuse. Mais quand le grand Empereur
« tomba en 1814, la préfecture du Pô ayant dis-
« paru, le préfet déchu se-hâta de venir à Paris
« et d'offrir ses services à Louis XVIII. S'il l'eût
« trouvé aussi fort, aussi solidement établi que
« l'avait été Napoléon, il l'eût servi très certaine-
« ment avec le même zèle, avec la même soumis-
« sion, mais le nouveau monarque ne put lui
« donner un pouvoir, une fixité qu'il n'avait pas
« lui-même. Il l'accueillit d'abord très bien....
« Il lui donna le grade de lieutenant-général, et
« l'envoya administrer une des plus belles pré-
« fectures de son royaume, celle de la Somme.
« Tant qu'il put croire que cette restauration al-
« lait reposer sur des bases solides et durables,
« Lameth lui obéit en tout point, et se montra
« fort empressé de la bien servir. Mais quand
« Napoléon revint de l'île d'Elbe, quand le pré-
« fet de la Somme vit les Bourbons lui céder la
« place si vite et presque sans résistance, il se
« hâta de revenir à son ancien maître qui le fit
« entrer sur-le-champ dans la Chambre des Pairs,
« où il retrouva beaucoup de ses anciens amis, de
« ses collègues de l'Assemblée constituante..... »

Quand le grand Empereur tomba, Alexandre,
dans sa famille, n'eut pas la pensée d'une solli-

citation : probablement sa réputation de capacité
dont, particulièrement dans l'administration, il
avait donné des preuves irrécusables, lui firent
offrir la préfecture de la Somme où il pouvait,
en effet, rendre des services, ainsi qu'on en ac-
quit la preuve. Était-ce par l'effet d'une faveur
que lui, placé, par l'ancienneté, à la tête de la
liste des généraux de brigade et remarqué dans
l'armée, parvînt au grade de lieutenant-général,
lorsqu'on vit, dans les nombreuses promotions
qui eurent lieu alors, arriver à ce rang des officiers qui, à la rigueur, pouvaient n'avoir jamais
commandé une compagnie.

La conduite d'Alexandre à Amiens, la fermeté
qu'il y montra ne peuvent y être oubliées, ni
son active et soigneuse prévoyance lorsqu'il envoya en avant prévenir le chef d'une partie de
la garde particulière du roi, qui l'avait escorté
jusqu'à la frontière où le prince l'avait congé-
diée, du danger qu'il y aurait à revenir par la
même route, lui indiquant celle de *Moreuil,* sur
laquelle il se dirigea.

Alexandre se bornant à remplir ses devoirs
d'administrateur, se refusa à tout ce qui était
injuste ou offensant pour le roi fugitif, notamment aux ordres d'arrestation les plus positifs; il
résista, n'en exécuta *aucun.* Ces faits appréciés

alors à Amiens y seraient affirmés aujourd'hui.

« Après la bataille de Waterloo, il fit d'inu-
« tiles efforts pour maintenir un ordre de choses
« où il espérait trouver plus de sécurité et de
« faveur que dans la monarchie des Bourbons,
« qui avait tant de reproches à lui faire! On
« croit, cependant, qu'alors il n'appartenait pas
« au parti bonapartiste. Il fut un de ceux qui
« interrompirent Labédoyère lorsque ce jeune
« séïde se répandit en invectives contre les
« hommes qu'il accusait de trahir Napoléon.
« *Jeune homme*, lui dit-il, *vous vous oubliez; son-*
« *gez que vous n'êtes pas au corps-de-garde....* »

Alexandre n'avait pas quitté Amiens lorsqu'il
fut appelé à la pairie; il avait vu le retour de
Napoléon avec beaucoup de peine, mais il
croyait, pensant que le pays doit occuper avant
tout, que dans les grandes crises on ne peut refuser ses services d'aucun genre, mais surtout
gratuits, à sa patrie. Pour empêcher les désordres, il se rendit au poste qui lui était offert :
quelle y fut sa conduite? L'auteur des articles
est forcé de l'apprécier en parlant de M. Labédoyère, dont la mort déchirante fait oublier les
torts qu'il put avoir alors.

« Rentré dans *l'obscurité*, après le retour du
« roi, Alexandre de Lameth ne remplit pas
« d'autres fonctions que celles de membre d'un
« comité d'enseignement mutuel (1); et lors-

(1) Même un peu à ses frais, ainsi que firent ceux qui
concoururent à cette institution, qui y ont placé leurs
noms, qui lui sont restés dévoués. Etait-ce une situation
humiliante? Au surplus, la société, fondée à Paris pour
l'amélioration de l'instruction élémentaire, n'était pas un
simple comité. Quant à ce qu'y fit Alexandre, le document
suivant montrera quelle fut sa coopération et comment
elle a été appréciée.

*Extrait des procès-verbaux du Conseil d'administration de
la société pour l'instruction élémentaire (Séance du 1er
juin 1825).*

M. Alexandre de Lameth, ancien député, l'un des cen-
seurs de la société, écrit la lettre suivante :

Paris, ce 20 mai 1825.

« Messieurs, mon intention n'étant point de retirer au-
« cun avantage personnel de la loi d'*indemnité*, et voulant
« consacrer la portion qu'elle m'attribue, dans la succes-
« sion de ma mère, à des objets d'intérêts publics, je ne
« crois pouvoir mieux faire que d'en offrir une partie à
« une institution qui, en développant les facultés intel-
« lectuelles de l'homme, le rend plus propre à remplir les
« devoirs de la vie humaine.
« La société, formée pour l'amélioration de l'enseigne-
« ment élémentaire, consacrant tous ses soins à éclairer
« l'enfance, à cultiver en elle les vertus religieuses et

« qu'après la dissolution de la chambre de 1815,
« l'opposition libérale le désigna pour faire

« civiles qui forment de bons citoyens; le respect des
« lois, celui de la propriété, des bonnes mœurs, des affec-
« tions de famille et l'amour du travail, qui peuvent
« seuls assurer le bonheur et la prospérité de notre pays,
« je viens vous prier, messieurs, de vouloir bien accepter,
« au nom de la société dont vous formez le conseil, la moi-
« tié de ce qui pourra me revenir par l'effet de la loi d'in-
« demnités. Mais comme je ne voudrais pas mettre cette
« honorable société dans le cas d'avoir à supporter les
« embarras que pourra occasionner l'exécution de cette
« loi, je chargerai mon fondé de pouvoirs de se concerter
« avec la personne que vous voudrez bien m'indiquer.

« Recevez, messieurs, l'expression de mon constant dé-
« voûment et de ma profonde considération,

« *Signé*, ALEXANDRE LAMETH. »

L'assemblée, à la lecture de cette lettre, éprouve un vif
sentiment que chacun de ses membres voudrait exprimer.
Le Conseil déclare qu'il offrira une médaille de bronze à
M. de Lameth, portant, gravée en creux, une inscription
pour consacrer la mémoire de cette offrande (*Cette proposition fut adoptée par acclamation*).

Un secrétaire demande que les noms des bienfaiteurs et
la mention des bienfaits les plus mémorables soient in-
scrits sur des tables et placés dans le lieu des séances de
la société.

Le Conseil arrête immédiatement que le nom de M. de
Lameth sera inscrit sur la table des bienfaiteurs de la
société.

(*Journal d'éducation*, tom. XVII.)

« partie de la nouvelle chambre, il écrivit dans
« les journaux que les voix qu'on voudrait bien
« lui donner seraient inutiles, par la raison qu'il
« ne payait pas suffisamment de contributions. Il
« paraît qu'un peu plus tard sa fortune s'aug-
« menta, ou *que les besoins du parti firent que l'on*
« *vint à son aide, comme cela se pratiquait alors,*
« *car, sans que la loi qui fixait le cens d'éligibilité fût*
« *changée, Alexandre de Lameth, accepta en 1820, la*
« *députation du département de la Seine-Inférieure.* »

En effet, sans cependant être *rentré dans l'obscurité*, Alexandre, destitué par Louis XVIII,
n'était plus préfet de la Somme, mais est-ce que
ce fut un abaissement que de contribuer à l'instruction indispensable (1) de ceux que leur pau-
vreté condamnerait à l'ignorance, si les œuvres
d'une bienfaisance éclairée, ne leur venaient en
aide?

---

(1) Sans doute il avait pensé que la société tout entière
était intéressée à donner l'instruction du premier degré
à ceux qui ne peuvent se la procurer par eux-mêmes! Lire
et écrire ne sont-ils pas des besoins de première nécessité, et cette instruction la plus élémentaire ne sert-elle
pas les intérêts de la morale? Lire est le complément de
l'ouïe, c'est entendre son père qui est à cent lieues de soi,
écrire est le complément de la parole qui porte à une
mère absente le respect et la tendresse de son enfant.

N'était-ce pas un devoir lorsqu'un empressement honorable pour lui, témoignage évident de l'estime qu'inspirait son caractère, voulait le porter à la députation, de dire qu'il n'était pas éligible ?

Sous l'Empire, les préfets si loin à tous égards de l'inférieure position (1) dans laquelle ils sont aujourd'hui, surtout dans les hautes places telles que celles que mon frère avait occupées, pouvaient faire quelques économies, mais Alexandre avait cru qu'il devait consacrer jusqu'à la moindre partie de ce qu'il recevait aux intérêts du gouvernement. Ce fut à l'amitié de son frère Charles qu'Alexandre dut de pouvoir devenir éligible.

« Il fut en 1791 un des rédacteurs du journal « *le Logographe.* »

On peut avouer cet emploi et même s'en ho-

____

(1) Sous l'empire à *toute heure* la porte des ministres était ouverte aux préfets; lorsqu'ils venaient à Paris, ils devaient, dès le lendemain de leur arrivée, se présenter chez Napoléon, qui causait avec eux plus ou moins, selon l'importance de leurs départemens, et, en les congédiant, il leur disait : « La veille de votre départ vous reviendrez. » Il est vrai c'était une autre constitution; mais n'y aurait-il rien à faire aujourd'hui sous le rapport de l'administration, et quant à l'existence, au sort des préfets.

norer, mais jamais Alexandre n'en a été le ré-
dacteur.

Voici ce qui est exact : Au commencement de
l'Assemblée constituante, Duport, Barnave,
Laborde-Méréville, aussi député, et Alexandre,
désirant qu'il pût exister un journal qui rendît
compte complétement, servilement, des séances
de l'Assemblée (1), formèrent, à leurs frais, sans
autre but, le journal *le Logographe;* il fut brisé,
le jour de l'infâme déchéance du roi, par ceux
qui osèrent la prononcer, et les employés à cette
feuille coururent les plus grands dangers. Par
suite de cette violence, les créateurs du *Logographe,* qui l'entretenaient par leurs sacrifices, ont
eu plus tard à en faire de considérables.

La destruction de ce journal fut peut-être très
regrettable, car les feuilles qui existaient alors,
n'étaient formées que sur des notes prises avec
la plus grande rapidité; et ensuite aucune influence n'avait-elle de pouvoir, soit par les démarches, soit par ce que les circonstances vio-
lemment imposantes exigeaient? Comme on serait trompé si on croyait, sur les Assemblées con-

(1) Il était impossible à ceux qui concouraient à rendre
ce qui s'exprimait dans l'assemblée d'y rien changer, à
peine un mot.

stituante, législative et sur ces temps, tout ce que l'on trouve (et ce qu'on ne trouve pas)! même dans le plus célèbre, avec raison, des journaux!

Je ne prétends point que mes frères, jeunes guerriers (quoique leur instruction ait été l'objet des soins les plus attentifs, et qui auraient pu être professeurs dans les langues anciennes, quoique l'esprit fût loin de leur être refusé), fussent des législateurs connaissant assez le passé, voyant positivement l'avenir, et qu'ils ne se soient jamais trompés; qui peut dire, surtout de cette époque, c'est moi? Seraient-ce l'extrémité du côté gauche, le côté droit de l'Assemblée, les conseillers de la cour? Sont-ce les commandans des corps militaires, les officiers croyant n'obéir qu'à une noble émotion, en portant librement leurs armes en pays étranger, pour défendre leur roi en *France?* (1)

(1) Pendant la présidence de Charles à l'Assemblée constituante, un huissier lui apporta une lettre de Cazalès qui était présent: c'était sa démission. — Charles mit au bas : « *Oh ! non, ce ne sera pas moi qui la recevrai.* » A la fin de la séance, Cazalès vint à lui et dit : « *Ne serait-il pas possible que je puisse causer un moment avec vous, vos frères et vos amis ?—Dès ce soir*, fut-il répondu, *si cela vous convient chez Lahorde-Méréville.* » La réunion eut lieu dans un accord complet de regrets, de vœux patriotiques. L'émigration des guerriers ne pouvait être oubliée, et Cazalès

Mais Charles , Alexandre, ont-ils mérité d'être placés dans la dernière infériorité, déchirés, que l'on veuille triompher sur leur tombe! l'ombre de l'ambition a-t-elle approché d'eux? leur patriotisme a-t-il été désintéressé? n'a-t-il pas été généreux?

Quelle a été la carrière de Charles? D'abord volontairement d'aller verser une partie de son sang en Amérique;

Colonel, de se faire remarquer par son zèle et sa capacité;

Général, au début de la guerre, à Lille, de commander aux flots effrayans de l'insubordination. (1)

Appelé par Napoléon, qui lui dit : « *Santona est le Gibraltar de l'Océan aux yeux des Anglais, j'ai cherché un brave capable de le défendre, je vous ai choisi.* »

A-t-il justifié cette confiance d'un grand hom-

s'écria : « Comme vous avez raison ! Mais comment voulez-vous que je n'aille pas à Coblentz quand c'est moi qui ai engagé l'armée à l'émigration. »

(1) Envoyé à Lille par la confiance du maréchal de Rochambeau , lors d'une déplorable circonstance , sur la place, où il faisait rentrer dans la soumission les troupes réunies , les pieds de son cheval étaient dans la cendre du brave général Théobald de Dillon , tué , brûlé la veille *en cet endroit.*

5.

me lorsque, sans le moindre secours, même
pour subsister, bloqué, attaqué par terre et par
mer par trois puissances, pendant près de trois
ans, il n'a point rendu cette place?

Il est probable qu'il reste à Wurtzbourg quelque souvenir de son désintéressement, des sentimens qu'il y a montrés lorsque, pendant la
guerre, il était gouverneur de cette place; ce
qui permet de le supposer, c'est qu'après la paix,
le grand-duc, de son propre mouvement, daigna l'honorer en lui faisant parvenir le cordon
de son ordre.

Lorsque Louis XVIII, après la défaite de Waterloo, vint reprendre son trône, ce fut une
grande question pour le prince et le repos de la
France, que la dissolution de l'armée de la Loire,
surtout par la persuasion; après beaucoup d'in-
certitudes, qui crut-on devoir préférer, qui fut
choisi, qui parvint à ce grand et si heureux résultat, même à l'acclamation de son nom par les
troupes soumises?

Alexandre s'est fait remarquer, comme son
frère, par le résultat de fortes études et la mesure, reconnue généralement, de son esprit.

Je ne reviens point sur ses œuvres à l'Assemblée constituante où il fut porté à tous les comi-

tés de quelque importance , sur son organisation
de l'armée, quelque âcre que soit celui qui poursuit sa mémoire, il lui a échappé : « Ses apologistes ont loué *outre mesure* ses travaux dans cette
partie. »

Ses apologistes furent, sans exceptions, tous
les militaires.

Au service, il obtint la considération et l'affection du régiment de Royal-Lorraine, dont il
était colonel en second, puis du 5ᵉ des chasseurs
à cheval, comme commandant.

Lorsqu'aux premiers jours du bouleverse-
ment de la France, par la révolution de 1789,
Louis XVI fut conduit de Versailles à l'Hôtel-
de-Ville de Paris, marchant à la suite du prince,
ainsi que tous les députés , Alexandre vit dans
l'avenir les conséquences des désordres qui cou-
vraient la capitale, si de grandes mesures n'é-
taient prises avec rapidité, et il conçut la création de la garde nationale.

Il alla trouver le président des électeurs (1)

(1) Les électeurs depuis n'ont rien eu de commun avec
ceux dont il s'agit, puissance ardente , mais souvent cou-
rageusement modérée. Une émeute s'étant portée à l'Hôtel-
de-Ville où se réunissaient les électeurs , et le chef se
livrant à de violentes menaces , Moreau–de–Saint–Méry,
homme extraordinaire par sa taille et la réunion de toutes

Moreau *de Saint-Méry*, il lui soumit sa pensée, ses moyens de créer une force imposante si nécessaire, d'encadrer ainsi les gardes-françaises qui, armées et sans ressources, même pour les premières nécessités, depuis leur dissolution, avaient pris une attitude effrayante.

Le fond du projet était l'établissement de la garde nationale par des divisions de trois bataillons dont un tiers sous la dénomination de *garde soldée*, *de bataillons du centre* devaient être formés de Gardes Françaises, qui très satisfaites de ce dernier titre qu'ils considérèrent comme une distinction, ne virent pas la pensée de contenir au besoin les centres soldés par deux bataillons de citoyens.

Moreau de Saint-Méry ayant donné la plus complète approbation à ce projet, Alexandre lui dit : « *Je suis trop occupé en ce moment, mais je vais prier mon ami, le colonel Mathieu Dumas, qui en est si capable, de faire une organisation complète de ce que vous approuvez* », et Dumas y parvint, avec une grande rapidité.

Peu après, l'organisation étant arrêtée, Mo-

les forces, se leva, courut à lui, lui arracha son fusil en lui disant : « *Allez vous asseoir à ma place, je monterai la garde à la vôtre.* » Le calme se rétablit à l'instant, Moreau fut invité à reprendre son siège.

reau voulut en instruire Alexandre, et lui dit :
« *Nous ne cherchons pas qui sera commandant de
la garde nationale, évidemment cette place vous ap-
partient.* » La réponse fut : « *Vous auriez tort de
penser à moi, je suis trop jeune, trop loin des anté-
cédens nécessaires.* » Moreau reprit : « *Les circonstances exigent un homme qui ait donné des gages
à la liberté, qui choisirons-nous?* » — *Eh bien!
prenez Lafayette.* — Il fut nommé.

A l'époque où le sort des Grecs, dans tous les
pays, surtout en France, intéressait vivement
les âmes élevées, qui a été plus utilement ému
qu'Alexandre! c'est à lui que l'on dut la première pensée *du comité grec* (1), et rendant justice

(1) Un matin j'arrivai chez Alexandre (comme nous
nous étions nécessaires!), je le trouvai très-ému ; qu'est-
ce donc qui vous agite ainsi? Sa réponse fut : « Peut-on
avoir du repos quand on pense aux malheureux Grecs,
n'être pas bouleversé par le désir de venir à leur secours?»
Puis, il ajouta : « Il m'est venu une idée qui pourrait les
servir; ce serait de former une noble association sous le
nom de *comité grec*, qui prouverait que les Français sont
Français avant tout, quand une haute et généreuse pensée
se présente. Il faudrait que les noms connus, et particulièrement comme opposition politique, vinssent s'unir,
fussent en tête : d'abord le duc de Fitz-James, qui accour-
rait (ce qui eut lieu), et Lafitte s'en honorerait. »
Comme nous nous occupions de ce projet, arriva un
homme, dont ce qui élève ne laissera jamais éteindre le

à ses compatriotes, il disait : « Il faut qu'il soit
« composé (ce qui eut lieu) des célébrités les plus
« opposées en opinion politique. »

N'aurait-on pas conservé quelques souvenirs
de tout ce que fit ce comité, de ce que l'on dut
à l'ardent dévoûment des dames françaises (1)?
je supprime ce que celui d'Alexandre lui inspira
pendant des années comme vice-président ou
président de cette noble association, et les sacrifices qu'il s'imposa pour le triomphe d'une aussi
belle cause, quoiqu'il fût loin d'être riche.

Sous les rapports militaires, j'ai dit les œuvres
d'Alexandre à l'Assemblée constituante, son début en Amérique.

Au début de la guerre, le maréchal de Rochambeau lui confia le poste de l'avant-garde et
la défense du camp de Maulde; il l'avait désigné

nom, le souvenir, M. de Lasteyrie qui, vivement, donna
son assentiment.

Les propositions, adressées aux noms choisis, furent
toutes acceptées avec empressement.

(1) Jamais plus noble, plus touchant, plus constant, ni
plus utile enthousiasme n'existera. Que de noms deman-
deraient à être particulièrement célébrés! Qu'un seul au
moins, celui de la marquise de Dalmatie (fille de la du-
chesse de Crès), que tant de précieux souvenirs, hélas!
tant de regrets recommandent, ne puisse jamais être
oublié.

comme chef de l'état-major de son armée (1);
mais les observations de la généreuse délicatesse
de mon frère changèrent ce choix.

Je ne reviens point sur ce qu'Alexandre put
faire pendant les seize années de son administration dans des postes élevés et difficiles. Je
rappellerai seulement que les départemens qu'il
n'administrait plus, qui ne devaient plus le re-
voir, l'ont élu candidat au sénat.

(1) Le maréchal ayant fait appeler Alexandre, lui apprit
qu'il le nommait chef de l'état-major de son armée. Voici le
dialogue qui eut lieu. « *Mais Monsieur le maréchal est-ce qu'il
est possible que j'approche de la capacité qu'exige une telle
place. — Je le crois. — Quand cela serait, et je m'en crois
bien loin, votre bonté n'a pas remarqué que mon nom est
l'objet de la haine des affreux meneurs de l'Assemblée législative, qui est loin d'avoir de bonnes dispositions à votre
égard, et que produirait ce choix ? Mon attachemeut doit en
être frappé. — C'est vrai, mon amitié n'y avait pas pensé,
mais qui croyez-vous que je doive prendre ? — Je crois,
mon général, que ce devrait être Berthier. — Qui était avec
nous en Amérique ? — Oui, Monsieur le maréchal, peut-être
puis-je être à côté de lui pour commander des troupes, mais
comme officier d'état-major il est bien au-dessus de moi et de
beaucoup d'autres.* — Le maréchal le choisit. — Lorsque
pour la première fois Napoléon commanda une armée, il
choisit aussi Berthier. A quelques observations ambi-
tieuses, il répondit : « *Le maréchal de Rochambeau l'en
avait cru digne.* »

Je m'arrête après avoir rempli un devoir évidemment sacré : c'est à regret, car je n'ai point répondu à toutes les injustices ; mais ceux qui liront ce que j'ai dû particulièrement remarquer, y suppléeront, reconnaissant tristement ce qui a pu animer l'auteur des notices auxquelles je réponds ; mais qui peut ignorer, après une si longue, si positive évidence, que les exagérations politiques, si elles ne détruisent pas, suspendent du moins l'action des nobles facultés du jugement ? Hélas ! quelquefois de celles qui sont plus précieuses encore.

P. S. Plusieurs motifs, sans doute, m'engageaient à ne pas demeurer inconnu, mais l'éloignement qu'on doit éprouver d'occuper de soi le public, sans utilité pour lui, m'avait fait garder le silence sur une circonstance qui, cependant, n'est pas entièrement étrangère aux intérêts généraux.

Cette détermination me paraissait immuable, lorsque tout ce qui constitue un jugement auquel on doit se soumettre m'a fait entendre ces paroles.

« Serait-il possible lorsque, surtout, il s'agit de faire connaître quels étaient les sentimens de vos frères envers la famille royale, et l'opinion de cette famille sur leur sincérité, que vous fissiez le sacrifice de ce qui répond sans réplique à l'intention principale, évidente, qui a dicté contre vos frères les lignes auxquelles, avec raison, vous croyez devoir répondre? »

Voici ce que la vérité, la plus scrupuleuse exactitude attestent.

La guerre préparée, obtenue par les actes les plus coupables, qui devaient faire verser des flots de sang, dresser les échafauds, était déclarée.

Partant pour les armées, les généraux, les officiers supérieurs allèrent prendre congé de Leurs Majestés; comme ils se retiraient de l'appartement de la reine, Sa Majesté daigna appeler Alexandre (Charles était absent), et passant dans une pièce voisine avec M. le Dauphin qu'elle tenait par la main, elle dit à l'auguste enfant : « Embrassez M. de Lameth, notre meilleur ami. » Mon frère, ne se permettant pas cette familiarité, baisa la main du prince.

Alors la reine, tristement émue, reprit ainsi : « *Vous partez avec votre frère, qu'allons-nous devenir?—Madame, répondit Alexandre, Votre Majesté pense sûrement que nous remplissons un devoir absolu, mais qui pourra nous rendre utiles si*

les 15,000 *hommes qui doivent se rendre à Compiè-*
gne, paraissaient ne pas suffire; Théodore, député,
à qui l'Assemblée ne permet pas de se rendre aux ar-
mées, sera ici, Adrien Duport ne quittera pas Paris,
leur dévoûment est le mien, celui de Charles. »

La reine termina cet entretien, en disant :
« *Allez, que le ciel bénisse vos vœux et protége le*
« *roi.* » (1)

(1) Duport, ainsi que Tronchet, avait donné au roi les
plus intelligens, les plus utiles conseils lors de son retour
de Varennes.

FIN.